mentor Lektüre Durchblick

Natha... e

Gotthold Ephraim Lessing

Inhalt · Hintergrund · Interpretation

Thomas Rahner

Stadt-
Bibliothek
Nidda

Mit Info-Klappe!

mentor
Eine Klasse besser.

Willkommen bei »mentor Lektüre Durchblick«!

Sie lesen gerade »**Nathan der Weise**« im Deutschunterricht?
Dann finden Sie hier in knapper und verständlicher Form
– oft auf besonders übersichtlichen Doppelseiten – genau
die Informationen, die Sie jetzt brauchen.
Sie werden sehen: Wenn Sie sich mit diesem Hintergrund
den »Nathan« nochmals vornehmen, steht dem vollen Durchblick
nichts im Wege. Denn je mehr Sie schon wissen, desto mehr ent-
decken Sie selbst im Text – und so macht Deutsch-Lektüre erst
richtig Spaß!

Viel Erfolg

wünschen Ihnen
Thomas Rahner und der mentor Verlag

Der Autor:
Thomas Rahner, Gymnasiallehrer für Deutsch und katholische
Religion, Wirtschaftsgymnasium Offenburg

Alle Zitate nach:
Gotthold Ephraim Lessing: Nathan der Weise. Ein dramatisches
Gedicht in fünf Aufzügen.
Stuttgart 1964, 2000 (= Reclams Universalbibliothek Nr. 3)

▨ 2. Aufzug: Zweite Herausforderung

Krisengeschüttelt: Die finanzielle und politische Misere von Sultan Saladin

II,1: Saladin spielt mit seiner Schwester Sittah im Palast Schach, muss jedoch an diesem Tag schnell die Überlegenheit seiner Schwester akzeptieren. Sein unkonzentriertes Spiel hat zwei Gründe: Der Waffenstillstand mit den Christen ist durch die kriegerischen Aktivitäten der Tempelherren ernsthaft gefährdet (vgl. I, 5: Angriff auf Tebnin), und auch Saladins Traum von einer Doppelhochzeit zwischen Sittah und König Richards Bruder sowie zwischen Saladins und Sittahs Bruder Melek mit König Richards Schwester scheint fast nicht mehr erfüllbar, da die Christen auf der Konversion (Glaubensübertritt zum Christentum) Meleks und Sittahs bestehen. Dass Saladin die Verbindung der beiden Fürstenhäuser nicht nur aus politischem Kalkül anstrebt, zeigt sich in seinen fast schwärmerischen Äußerungen über die aus beiden Geschlechtern erwachsende Nachkommenschaft; er träumt von besseren Menschen mit edler Gesinnung, die aus dieser Verbindung hervorgehen sollten. Besorgt ist Saladin auch aus einem weiteren Grund: Die finanzielle Lage wird immer schwieriger, die Staats- und Kriegskasse ist leer.

Sittahs Plan, die Kassen mit Nathans Geld zu füllen

II,2: Al-Hafi, der gerufen wird, um Sittah die 1000 Dinare für das gewonnene Schachspiel auszubezahlen, verrät gegen den Willen Sittahs, dass er schon seit längerer Zeit kein Geld mehr in der Schatzkammer zu verwalten hat. Vielmehr sei Sittah für die laufenden Kosten der Hofführung aufgekommen. Der Sultan befolgt den Rat Sittahs und beauftragt Al-Hafi, einen Kreditgeber zu suchen, er könne ja bei seinem Freund Nathan Geld beschaffen. Al-Hafi hofft einen anderen Geldgeber zu finden, da er Nathans ablehnende Haltung (vgl. I, 3) kennt.

Nathans Ruf beim Volk

II,3: Im Gespräch mit seiner Schwester Sittah erfährt Saladin, was man im Volk über Nathan spricht. Zwei gegensätzliche Qualitäten scheint dieser Mann, so Sittah, zu vereinen: Er ist unermesslich reich, dabei aber tugendhaft, vorurteilslos und weise. Ihre Hoffnung besteht nun darin, die leeren Staatskassen mit Nathans Geld füllen zu können.

Nathan erforscht die Gefühle seiner Tochter

II,4: Nathan will, begleitet von seiner Tochter, nun selbst den Tempelherrn aufsuchen. Er erkennt schnell die wachsende Unruhe seiner Tochter und versucht sie zu beruhigen. Gleichzeitig bittet er sie behutsam, ihm ihre Gefühle gegenüber dem Tempelherrn nicht zu verbergen. Rechas Antwort zeigt, wie viel Vertrauen in der Vater-Tochter-Beziehung herrscht.

Die hinzueilende Daja bereitet Nathan auf die Begegnung mit dem Tempelherrn vor, der auf dem Weg ins Kloster am Hause Nathans vorbeikommen muss.

Der Umdenkprozess des Tempelherrn

II,5: Die Begegnung zwischen Nathan und dem Tempelherrn stellt einen ersten Spannungshöhepunkt innerhalb des Dramas dar.

Voller Verachtung reagiert der Retter Rechas auf Nathans Begrüßung und will ihn so rasch wie möglich loswerden. Er beleidigt Nathan mehrfach und macht aus seiner judenfeindlichen, von Vorurteilen erfüllten Haltung keinen Hehl. Als sich Nathan der guten Tat wegen erkenntlich zeigen will, sieht sich der Tempelherr in seinem Vorurteil bestätigt, dass »die Juden« glauben, alles mit Geld regeln zu können. Doch als Nathan den Brandfleck am Saum seines Mantels küsst, der immer noch von der selbstlosen Rettungstat des Ritters zeugt, wird er zum ersten Mal verunsichert. In dem folgenden Streitgespräch erkennt der Tempelherr langsam, dass er Nathan mit seinen abfälligen Bemerkungen über die Juden Unrecht getan hat. Von Nathan wird er belehrt, dass jeder, ob Jude oder Christ, in allererster Linie zur Mitmenschlichkeit verpflichtet ist. Dazu gehört auch die Grundhaltung der Toleranz gegenüber Andersgläubigen. Der Tempelherr, betroffen über die Art und Weise, wie Nathan argumentiert und spricht, reicht ihm die Hand, schließt Freundschaft mit ihm und möchte nun auch Recha kennen lernen.

Rückblick: Die Begnadigung des Tempelherrn

II, 6–8: Daja unterbricht das Gespräch kurz und meldet, dass der Sultan Nathan zu sehen wünsche. Nathans Verwunderung über diese Einladung nimmt der Tempelherr zum Anlass, von seiner Begnadigung zu erzählen. Als der Tempelherr auf Nathans Frage hin als seinen Namen »Curd von Stauffen« nennt, kommt Nathan plötzlich darauf, an wen ihn das Aussehen des Ritters die ganze Zeit erinnert hat: an seinen alten Freund Wolf von Filnek. Er will dieser Sache nachgehen.

Nachdem sich der Tempelherr verabschiedet hat, treibt die Neugier Daja nochmals zu Nathan. Er versichert ihr, dass Recha bald mit dem Besuch ihres Retters rechnen dürfe, schärft ihr aber nochmals ein, Stillschweigen über die Herkunft Rechas zu bewahren.

Vom Schatzmeister zum Derwisch: Al-Hafis Abschied

II, 9: Al-Hafi, dessen Suche nach einem Kreditgeber für Saladin erfolglos geblieben ist, hat den Entschluss gefasst, sein Amt als Schatzmeister aufzugeben. Er möchte wieder das sein, was er vor der Berufung zum Schatzmeister durch Saladin gewesen ist: ein frommer Bettler, der ein zufriedenes Leben in Armut führt. Nathan gegenüber fühlt er sich schuldig, weil er bei Saladin früher von dessen Reichtum und Weisheit geschwärmt hat und damit Saladin und Sittah erst auf den Gedanken gebracht hat, Nathans Geldquellen anzuzapfen.

Denn Al-Hafi weiß genau um die Unfähigkeit des Sultans, mit Geld umzugehen, und er sieht Nathans Reichtum in den Händen Saladins zerrinnen. So entschließt er sich, an den Ganges zurückzukehren, und hofft, sich der Gesellschaft Nathans erfreuen zu können, den er einlädt mitzukommen. Im Zögern Nathans erkennt er, dass ihre Wege nicht die gleichen sind, und so verabschiedet er sich von seinem Freund und geht.

■ 3. Aufzug: Dritte Herausforderung

Begegnung mit Folgen: Der Tempelherr verliebt sich

III,1–2: Im Hause Nathans warten Recha und Daja voller Ungeduld auf den Tempelherrn. Während Recha ihrem Retter lediglich danken will, schmiedet Daja Zukunftspläne: Sie hofft, dass sich die beiden ineinander verlieben und sie selbst dann mit dem jungen Paar nach Europa zurückkehren kann.

Hat sich der Tempelherr in Recha ein schüchternes und naives Mädchen vorgestellt, sieht er sich getäuscht. Recha vergleicht ihn, seine Rettungstat herunterspielend, mit einem dressierten Hund, von dem man erwarten könne, dass er sein Leben aufs Spiel setzt. Das Selbstbewusstsein Rechas verwirrt den Tempelherrn so sehr, dass er sich Hals über Kopf verliebt und vollkommen verunsichert das Haus verlässt.

III,3: Daja muss zu ihrer Enttäuschung erfahren, dass die Begegnung mit dem Tempelherrn bei Recha nicht die gewünschte Wirkung gezeigt hat. Recha empfindet für ihn nicht die »heiße« Liebe, sondern lediglich Dankbarkeit und Freundschaft.

Die Ringparabel: Eine Lehrstunde für Saladin

III,4: Im Palast bereitet man sich zwischenzeitlich auf das Kommen Nathans vor. Saladins Ärger darüber wächst, dass er, dem Plan Sittahs folgend, dem Gast eine Falle stellen soll, um an dessen Geld zu kommen. Sittah kann ihn jedoch beschwichtigen.

III, 5–7: Die folgenden Auftritte stellen den Höhepunkt des III. Aktes und des Dramas überhaupt dar.

Saladin begrüßt zunächst den recht bescheiden auftretenden Nathan und kommt ohne Umschweife sofort zu der entscheidenden Frage, mit der er seinen Gast in die Enge treiben will: Welche Religion die richtige sei, denn nur eine, Christentum, Judentum oder Islam, könne ja die wahre sein. Nathan ist zunächst bestürzt über diese nicht zu beantwortende Frage. Er erhält von Saladin einige Minuten Bedenkzeit.

Im folgenden Monolog zeigt sich die Klugheit Nathans, denn er durchschaut den Plan, ihn mit einer unlösbaren Problemstellung in die Falle zu locken. Er hofft, dem Sultan mithilfe einer Erzählung eine Lehre erteilen zu können.

Nathan bittet den zurückkommenden Saladin, ihm ein *Geschichtchen* (V. 1905) erzählen zu dürfen, bevor er ihm die Frage nach der einzig wahren Religion beantworte:

Ein Mann besitzt einen Ring, dessen Wunderkraft darin besteht, dass er den jeweiligen Träger *vor Gott [u]nd Menschen angenehm* (V. 1915f.) macht, vorausgesetzt, man glaubt an die Kraft des Wunderringes. Dieser Mann nun vererbt den Ring dem von ihm am meisten geliebten Sohn. Mit dem Ring verknüpft ist auch der Anspruch auf das Alleinerbe des väterlichen Besitzes. Dieser Brauch wird über mehrere Generationen hinweg gepflegt, bis der Ring schließlich zu einem Vater gelangt, der diese Entscheidung nicht zu treffen vermag, da er seine drei Söhne alle gleich liebt. Kompliziert wird die Geschichte dadurch, dass der Vater jedem Einzelnen den Ring versprochen hat, nicht aus Bosheit, sondern aus Schwäche und Unsicherheit. Als der Vater bemerkt, dass er nicht mehr lange zu leben hat, weicht er dem drohenden Konflikt aus, indem er zwei weitere Ringe anfertigen lässt, die dem ersten vollkommen gleichen. In seiner Todesstunde ruft er jeden Sohn einzeln zu sich, gibt jedem einen Ring und stirbt. Da nun jeder der Söhne glaubt, einen berechtigten Anspruch auf das Erbe zu haben, verklagen sich die Brüder vor Gericht und beschuldigen sich gegenseitig des Betrugs. Der Richter scheint zunächst ratlos, doch dann erinnert er sich an die Wunderkraft des Ringes. Da sich aber die Kraft des Ringes bei keinem der Brüder offenbart, schlussfolgert er, dass alle drei Ringe unecht sein müssen. Er entlässt die drei Brüder mit dem Rat, dass jeder so leben solle, als besitze er den echten Ring. Am Ende der Tage werde ein Mann mit größerer Weisheit die offene Frage beantworten, denn nur der könne wissen, welcher Ring der echte sei.

Nathan beendet seine Parabel mit der Frage, ob wohl Saladin von sich behaupten könne, dieser weisere Mann, gemeint ist Gott, zu sein. Saladin wendet sich betroffen ab, denn er weiß, dass Nathan ihn durchschaut und das wahre Anliegen, nämlich Geld zu ergattern, erkannt hat. Die Betroffenheit wird noch größer, als ihm Nathan freiwillig sein Geld anbietet. Von Nathans Großmut beeindruckt, bittet Saladin darum, sein Freund sein zu dürfen.

Der Tempelherr wirbt um die Hand Rechas

III,8–9: In dem Monolog des Tempelherrn wird deutlich, welche Verwirrung die Begegnung mit Recha in seiner Seele ausgelöst hat. Er glaubt Recha zu lieben und ist bereit, sein Gelübde der Ehelosigkeit und seine antijüdischen Vorurteile abzulegen. So bestürmt er den aus dem Palast kommenden Nathan, ihm Recha zur Frau zu geben. Nathan reagiert sehr zurückhaltend, da er bereits den Verdacht hegt, dass der Tempelherr und Recha verwandt sein könnten. Nathans reservierte Haltung und seine neugierigen Fragen nach den Vorfahren des Tempelherrn kränken und verärgern diesen, da er erwartet hatte, mit offenen Armen als Schwiegersohn empfangen zu werden.

Die christliche Abstammung Rechas

III, 10: Von Daja erfährt der Tempelherr, dass Recha nicht Nathans Tochter ist, sondern eine Christin, die als Pflegekind von Nathan – so Daja – in voller Absicht im jüdischen Glauben erzogen worden sei. Diese Nachricht verfehlt beim Tempelherrn nicht die erhoffte Wirkung. Er unterstellt Nathan, dass er Recha aus christenfeindlichen Beweggründen von ihrer Religion fern gehalten habe und dass seine humane und tolerante Haltung nichts weiter als eine verlogene Fassade sei.

▓ 4. Aufzug: Rückblick

Ein fürchterlicher Seelsorger: Der Patriarch

IV, 1–2: Der Tempelherr sucht in seiner verzweifelten Situation beim Patriarchen im Kloster Rat. Trotz der Skepsis des Klosterbruders Bonafides, ob der Kirchenfürst der geeignete Mann in Fragen des Glaubens sei, trägt der Tempelherr den Fall vor, allerdings ohne den Namen Nathans zu nennen. Der Patriarch urteilt sehr schnell: Auf das Vergehen Nathans, ein Christenkind im jüdischen Glauben erzogen zu haben, steht seines Erachtens eindeutig die Todesstrafe. Mit aller Macht will er den Namen des »Verbrechers« erfahren, bekommt aber vom Tempelherrn keine Auskunft mehr, da diesen die brutale und menschenverachtende Rechtsprechung des Kirchenfürsten schockiert.

Saladin unterstützt die Heiratspläne des Tempelherrn

IV, 3–5: Während das Geld Nathans angeliefert wird, betrachtet Saladin ein Bild seines verstorbenen Bruders Assad und ist erstaunt über die Ähnlichkeit mit den Gesichtszügen des Tempelherrn. Als dieser eintritt, wird er herzlich empfangen und Saladin sagt ihm die volle Unterstützung bei seiner Werbung um Rechas Hand zu. Mehrmals muss er den auf Nathan zornigen Tempelherrn ermahnen, nicht in blinden Fanatismus zurückzufallen und voreilig zu urteilen, versichert ihm aber, sich mit Nathan über die Angelegenheit zu unterhalten.

Nach dem Abgang des Tempelherrn bittet Sittah Saladin, Recha in den Palast bringen zu lassen, da sie das Mädchen kennen lernen will.

Rückblick: Nathans bittere Erfahrung mit den Christen

IV, 6–8: Auch gegenüber Daja verschweigt Nathan seinen Verdacht, dass Recha und der Tempelherr Geschwister sein könnten.

Im Gespräch zwischen Nathan und dem Klosterbruder wird endlich deutlich, was Nathan dazu veranlasst hat, Recha an Kindes statt zu erziehen. Bonafides selbst war es, der ihm 18 Jahre zuvor das Mädchen überbracht hatte. Damals stand er als Reitknecht im Dienste Wolf von Filneks, der ihn beauftragte, seine kleine Tochter zu seinem Freund Nathan zu bringen, weil die Mutter gestorben war und er selbst in den Krieg ziehen musste. Wenige Tage zuvor hatten die Christen in Gath alle Juden ermordet, darunter Nathans Ehefrau und seine sieben Söhne. Nathan hatte in seiner Trauer und Wut den Christen Rache und unversöhnlichen Hass geschworen. Nach langem Kampf gelang es ihm, die negativen Gefühle zu überwinden, und als ihm das Mädchen übergeben wurde, war seine Freude so groß, dass er den Schmerz über den Verlust seiner Familie überwinden konnte.

Der Klosterbruder ist tief beeindruckt von dem Bericht Nathans und verspricht ihm, diese Informationen vor dem Patriarchen geheim zu halten.

Von Daja erfährt Nathan, dass man Recha in den Palast Saladins gebracht hat.

▦ 5. Aufzug: Konfliktlösung

Volle Kassen – das Ende der Geldnot Saladins

V, 1–2: Endlich kommen die lang erwarteten Gelder aus Ägypten, Saladins finanzielle Krise ist behoben.

Finale: Aufklärung der Verwandtschaftsverhältnisse

V, 3: Die harten und ermahnenden Worte Saladins sind beim Tempelherrn nicht ohne Wirkung geblieben. Er erkennt, dass Nathan Rechas wahrer und einziger Vater bleibt, auch wenn sie als Christin geboren wurde. Er schämt sich, dass er Nathan beinahe beim Patriarchen verraten hätte, und hofft, dass sein unbedachtes Gerede ohne schlimme Folgen bleibt.

V, 4–5: Letzte Gewissheit über die Verwandtschaftsverhältnisse erhält Nathan, als Bonafides ihm ein kleines Gebetbuch überreicht, in welchem handschriftliche Notizen Wolf von Filneks eingetragen sind. Diese Notizen sind in persischer Sprache abgefasst und beweisen, dass Wolf von Filnek in Wahrheit Saladins Bruder Assad war.

Der Tempelherr, der nochmals das Gespräch mit Nathan sucht, entschuldigt sich zunächst für sein Fehlverhalten, beim Patriarchen gewesen zu sein, und bittet erneut eindringlich um die Hand Rechas. Völlig verunsichert wird er, als Nathan ihm kundtut, es habe sich ein Bruder Rechas gefunden, den man zu diesen Heiratsabsichten zuerst hören müsse. Gemeinsam gehen sie zum Palast.

V, 6–8: Bevor Recha in den Palast gebracht wird, informiert Daja sie über ihre christliche Abstammung. Diese Nachricht löst bei Recha einen ungeheuren inneren Aufruhr aus, denn sie hat Angst, Nathan als Vater zu verlieren. Im Palast zeigt sich Sittah im Dialog mit Recha als verständnisvolle Zuhörerin und Freundin und es gelingt ihr, Recha zu beruhigen. Auch Saladin sagt ihr seine volle Unterstützung zu und bietet sogar an, selbst die Vaterrolle zu übernehmen.

In der Schlussszene – Nathan und der Tempelherr sind zwischenzeitlich im Palast eingetroffen – klärt Nathan nun die Verwandtschaftsverhältnisse. Es wird offenkundig, dass der Tempelherr in Wahrheit nicht Curd von Stauffen heißt, sondern Leu von Filnek. Seinen jetzigen Namen hat er nach dem Tod seines Vaters von seinem Onkel und Erzieher bekommen. Der Vater des Tempelherrn hatte ebenfalls einen zweiten Namen: Zwar nannte er sich Wolf von Filnek, als er seiner deutschen Frau in ihr Heimatland folgte, hieß aber in Wirklichkeit Assad und war Saladins und Sittahs Bruder. Recha, die mit christlichem Namen Blanda von Filnek heißt, ist also die Schwester des Tempelherrn und die Nichte Saladins und Sittahs. Und so schließt der Vorhang unter »allseitiger Umarmung«.

Hintergrund

Vom Überblick zum Durchblick

Sie haben sich bisher mit der Thematik und Handlung von Lessings *dramatischem Gedicht* »Nathan der Weise« vertraut gemacht. In dem nun folgenden Teil »**Hintergrund**« finden Sie in knapper und übersichtlicher Form – oft auf Doppelseiten – Informationen zu Fragen, die im Unterricht immer wieder gestellt werden:

- Wer war Lessing? In welcher beruflichen und privaten Situation hat er sich befunden, als er das Werk geschrieben hat?
- Was hat Lessing außer dem »Nathan« noch geschrieben?
- Wie ist der Text aufgebaut?
- Wie kann man die »schwierig« zu lesende Sprache Lessings analysieren?
- Was hat Lessing veranlasst, ein solches Werk zu schreiben?
- Welche Bedeutung kommt der »Ringparabel« zu?
- Was versteht man unter dem Begriff »Aufklärung«?
- Inwiefern ist »Nathan der Weise« ein »typisches« Werk dieser Epoche?
- Weshalb bezeichnet Lessing den »Nathan« als *dramatisches Gedicht*?

Von der Textanalyse zur Textproduktion

Der Teil »**Interpretation**« bietet zunächst im Kapitel »**Textanalyse**« komprimierte Deutungsansätze zu den drei miteinander verknüpften zentralen Themen Religiosität, Humanität und Toleranz sowie Gesellschaftsutopie.

Im abschließenden Kapitel »**Aufgaben mit Lösungstipps**« finden Sie konkrete Hilfestellungen für Ihre eigene Textdeutung in Prüfungen und Klausuren.

Der Autor

Gotthold Ephraim Lessing
* 22.1.1729 in Kamenz (Sachsen)
† 15.2.1781 in Braunschweig

Als Dichter, Literatur- und Religionskritiker zählt Lessing zu den wichtigsten Vertretern der deutschen Literatur des 18. Jahrhunderts. Sein unermüdlicher Kampf um die bürgerliche Emanzipation gegenüber adligen Privilegien und sein Einsatz für die Ideale der Aufklärung prägen sein Werk.

1729	geboren in Kamenz als Sohn eines Pfarrers
1746–52	Leipzig, Berlin, Wittenberg: Studium der Theologie, Philosophie und Medizin; schriftstellerische Tätigkeit
1753–60	Berlin, Leipzig: Literaturkritik, Dramen; finanzielle Not
1760–65	Sekretär in Breslau
1767	Dramaturg am Hamburger Nationaltheater
1770	Bibliothekar in Wolfenbüttel, finanzielle und nun auch gesundheitliche Schwierigkeiten
1776–1777	Heirat mit der langjährigen Freundin Eva König; Tod des neugeborenen Sohnes; wenige Tage später stirbt auch Lessings Ehefrau
1781	gestorben in Braunschweig

Die letzten zehn Jahre von Lessings Leben waren von zwei existenziellen Krisen geprägt, die auf die Entstehung und Gestaltung des »Nathan« (1779) maßgeblichen Einfluss hatten: die beruflichen Probleme im Zusammenhang mit dem »Fragmentenstreit« (s. S. 28f.) und die familiäre Tragödie – nach der Geburt seines ersten Sohnes starben Frau und Kind innerhalb weniger Tage.

Der Verlust seiner Frau und seines Sohnes hat Lessing tief erschüttert. An einen Freund schreibt er am 31. 12. 1777:

> *Mein lieber Eschenburg,*
> *Ich ergreife den Augenblick, da meine Frau ganz ohne*
> *Besonnenheit liegt, um Ihnen für Ihren gütigen Anteil*
> *zu danken. Meine Freude war nur kurz: Und ich verlor*
> *ihn so ungern, diesen Sohn! denn er hatte so viel Verstand!*
> *so viel Verstand! – Glauben Sie nicht, dass die wenigen Stunden*
> *meiner Vaterschaft mich schon zu so einem Affen von Vater*
> *gemacht haben! Ich weiß, was ich sage. – War es nicht Verstand,*
> *dass man ihn mit eisern Zangen auf die Welt ziehen musste?*
> *dass er so bald Unrat merkte? – War es nicht Verstand, dass er*
> *die erste Gelegenheit ergriff, sich wieder davonzumachen? –*
> *Freilich zerrt mir der kleine Ruschelkopf auch die Mutter*
> *mit fort! Denn noch ist wenig Hoffnung, dass ich sie behalten*
> *werde. – Ich wollte es auch einmal so gut haben wie andere*
> *Menschen. Aber es ist mir schlecht bekommen.*
>
> *Lessing.*[1]

Wenn Nathan in IV, 7 dem Klosterbruder seine Gefühle nach der Ermordung der ganzen Familie schildert, so deckt sich dies mit Lessings persönlicher Erfahrung tiefsten Leids und unbeschreiblicher Trauer.

Hintergrund

---

1 G. E. Lessing: Gesammelte Werke in zehn Bänden, hg. von Paul Rilla. Aufbau Verlag, Berlin 1957ff., Bd. 9, S. 765ff.

Das Gesamtwerk

Lessing war als Dichter und Dramatiker sowie als Literaturkritiker und -theoretiker äußerst produktiv und ihn beschäftigten immer wieder wichtige Fragen der Theologie. Seine wichtigsten Werke:

Literaturkritik

In seinen theoretischen Schriften war Lessing immer bemüht, das literarische Schaffen von alten und überkommenen Regeln zu befreien.

1759   **Briefe, die neueste Literatur betreffend**
Gemeinsam mit seinen Freunden Friedrich Nicolai und Moses Mendelssohn gibt Lessing eine Zeitschrift heraus, in der die zeitgenössische Dichtung einer umfassenden Kritik unterzogen wird.

1767   **Hamburgische Dramaturgie**
Als Dramaturg am Deutschen Nationaltheater in Hamburg bespricht Lessing in einer Art Hauszeitschrift die dort aufgeführten Dramen. Er verknüpft seine Kritik mit allgemeinen Betrachtungen über das Wesen von Tragödie und Komödie und wendet sich vor allem gegen das starre Festhalten an den drei Einheiten von Handlung, Ort und Zeit (s. S. 37).

Theologische Schriften

1780   **Die Erziehung des Menschengeschlechts**
Lessing vergleicht hier das Verhältnis Gottes zu den Menschen mit dem eines Erziehers zu seinem Zögling. Der mündige und aufgeklärte Mensch braucht die Straf- und Belohnungsmaßnahmen des Alten und Neuen Testamentes nicht mehr; er tut das Gute, weil er es mithilfe seiner Vernunft als gut erkannt hat.

Hintergrund

1788   **Anti-Goeze**

Diese elf theologischen Streitschriften richten sich gegen den Hamburger Hauptpastor Johann M. Goeze. Die Sammlung verdeutlicht, mit welcher Härte der Streit um die Fragmente von Reimarus geführt wurde (Fragmentenstreit, s. S. 28f.).

Literarische Werke

1755   **Miss Sara Sampson**

Dieses Drama gilt als das erste bürgerliche Trauerspiel in Deutschland.

1767   **Minna von Barnhelm oder Das Soldatenglück**

Mit diesem Lustspiel gelingt Lessing der Durchbruch von der Typen- zur Charakterkomödie. Es zählt neben Kleists »Der zerbrochene Krug« zu den wenigen wirklich gelungenen deutschen Lustspielen.

1772   **Emilia Galotti**

Das gegen Fürstenwillkür und die sittliche Verwahrlosung des Adels gerichtete bürgerliche Trauerspiel ist ein literarisches Zeugnis für das immer größer werdende Selbstbewusstsein des aufgeklärten Bürgertums. Auch Schillers »Kabale und Liebe« (1783) greift das Thema der Tyrannenherrschaft nochmals auf.

1753   **Fabeln und Erzählungen**

1759   **Fabeln. Drei Bücher**

Lessing schenkt der Fabel viel Aufmerksamkeit. Er bearbeitet die Fabeln von Äsop und Phädrus neu und erfindet weitere. Da ihm Kürze und klare Zielrichtung der Fabel wichtig sind, bevorzugt er die Prosa, verzichtet also auf Vers und Reim.

Hintergrund

Der Aufbau des Textes

Vorgeschichte
Zyklus der drei guten Taten:

	1. Akt **Exposition** **(Einführung)**	**2. Akt** **Entwicklung** **(Steigerung)**
Die Erziehung zu aufgeklärtem Denken durch Nathan	**Erste Herausforderung** Rechas naiver Wunderglaube widerspricht der menschlichen Vernunft.	**Zweite Herausforderung** Die antijüdischen Vorurteile des Tempelherrn werden als unberechtigt und intolerant entlarvt.
Die Erziehung des Tempelherrn	Die gute Tat des Tempelherrn steht im Widerspruch zu seiner judenfeindlichen Gesinnung.	Die Erziehung des Tempelherrn hat vorläufig (!) Erfolg.
Die Enthüllung der Verwandtschaftsverhältnisse	Daja kritisiert Nathans Vateranspruch gegenüber Recha.	Nathan bemerkt die Ähnlichkeit des Tempelherrn mit Wolf von Filnek.

Nathan nimmt
Recha auf.

Saladin begnadigt
den Tempelherrn.

Der Tempelherr
rettet Recha.

3. Akt
**Peripetie
(Wende)**

4. Akt
**Retardation
(Verzögerung)**

5. Akt
Lösung

**Dritte Heraus-
forderung**
Höhepunkt des
Dramas ist die

Ringparabel,

mit der Nathan den
Absolutheitsanspruch
der Religionen kritisiert
und zu humanem
Handeln auffordert.

Rückblick
Nathan schildert den
Prozess der Selbst-
erziehung nach der
Ermordung seiner
Familie.

Erfolg
Die Freundschaft mit
Saladin und dem
Tempelherrn setzt ein
Zeichen friedlichen
Miteinanders von
Juden, Christen und
Moslems.

Die Gefühle gegen-
über Recha lassen den
Tempelherrn unver-
nünftig denken und
handeln.

Rückfall in altes Vor-
urteilsdenken: Der
Tempelherr sucht Rat
beim Patriarchen.

Der Tempelherr
erkennt sein Fehlver-
halten und reiht sich
in den Kreis »aufge-
klärter« Menschen ein.

Daja enthüllt Rechas
christliche Abstam-
mung.

Das Buch des Kloster-
bruders beweist:
Wolf von Filnek ist
Saladins Bruder.

Nathan deckt
die Verwandtschafts-
verhältnisse auf.

© mentor

Hintergrund

25

Die sprachliche Form

Als sprachliche Form für sein *dramatisches Gedicht* »Nathan der Weise« wählt Lessing weder den bisher üblichen Alexandriner, einen häufig schwerfällig wirkenden gereimten Vers, noch die Prosa, die er selbst schon (z.B. in »Emilia Galotti«) verwendet hat.

■ Blankvers (fünfhebiger Jambus) ⎯⎯⎯

Reimloser Vers mit festem Metrum (regelmäßigem Wechsel von unbetonten und betonten Silben): Jeder Takt beginnt mit einer unbetonten Silbe, auf die stets eine betonte folgt (Jambus). Fünf Jamben bilden eine Verszeile.

Die folgenden Beispiele zeigen, welch sprachliche Kraft und Dynamik Lessing dem Blankvers abgewinnen konnte.

■ Sprecherwechsel ⎯⎯⎯

Lessing setzt den Sprecherwechsel innerhalb des Verses bewusst ein, um die Wirkung des »Ins-Wort-Fallens« zu verstärken und die Dynamik, vor allem der »Lehrdialoge« (I, 2; II, 5; III, 7), zu intensivieren.

■ Enjambement (Versbrechung, Zeilensprung) ⎯⎯⎯

Auch die Befreiung der Satzeinheiten von den Versvorgaben verleiht der Sprache mehr Kraft: Ein Satz endet häufig nicht am Versende, sondern fast beliebig innerhalb der Verszeile.

■ Sprechpausen ⎯⎯⎯

Auffallend häufig findet man im Text Gedankenstriche, die anzeigen, dass hier Sprechpausen gemacht werden können. Damit wird nochmals veranschaulicht, dass die Sinneinheiten unabhängig von den Verseinheiten den mündlichen Vortrag bestimmen. Gleichzeitig sollen diese Einschnitte zeigen, wie die handelnden Personen um die Worte ringen müssen.

Stattdessen greift er auf den Blankvers Shakespeares (1564–1616) zurück, den er virtuos zur Geltung bringt und der für das deutsche Drama nach Lessing für lange Zeit zum beliebtesten Versmaß wird.

➤ *Ĕr íst | ĕs! Ná | thăn! – Góttĕ | sĕı́ ĕ | wı̆g Dánk,*

Dăss Íhr | dŏch énd | lı̆ch éın | mă̆l wié | dĕrkómmt.

(Daja in I, 1; V. 1 f.)

˘ Senkung (unbetonte Silbe)
´ Hebung (betonte Silbe)

➤ Nathan. *Verzeihet, edler Franke …*
Tempelherr.   *Was?*
Nathan.   *Erlaubt …*
Tempelherr. *Was, Jude? was?*
Nathan.   *Dass ich mich untersteh,*
  Euch anzureden.   (II, 5; V. 1197 ff.)

➤ Nathan.   *Der wahre Bettler ist*

Doch einzig und allein der wahre König!

(II, 9; V. 1515 f.)

➤ Nathan.   *Hm! hm! – wunderlich! – Wie ist*
  Mir denn? – Was will der Sultan? was? – Ich bin
  Auf Geld gefasst; und er will – Wahrheit. Wahrheit!
  Und will sie so, – so bar, so blank, – als ob
  Die Wahrheit Münze wäre!   (III, 6; V. 1865 ff.)

Die Entstehung

»Nathan der Weise« verdankt seine Entstehung einem überaus hitzigen theologischen Streit zwischen Lessing und Vertretern der einflussreichen Orthodoxie. Diese strenggläubige Richtung innerhalb der protestantischen Kirche lehnte jedes kritische Infragestellen der biblischen Überlieferung rigoros ab. Gegenstand der Auseinandersetzung war eine theologische Schrift, die der Gymnasialprofessor Reimarus, ein Freund Lessings, verfasst hatte.

Hintergrund

Die wichtigsten Thesen von Reimarus

- Der Glaube an eine Offenbarung Gottes (Gott zeigt sich den Menschen direkt erfahrbar, vgl. die biblischen Berichte) verdrängt und erstickt die echte Religion.
- Jesus hat eine praktische und vernünftige Lehre vermittelt, die nachträglich von seinen Jüngern bewusst verfälscht wurde.
- Die vier Evangelien sind in sich so widersprüchlich, dass sie nicht als Offenbarung Gottes gelten können.
- Folglich hat keine Offenbarung stattgefunden; alles was der Mensch zur Erlösung braucht, ist ihm von Natur aus mitgegeben.

Der Fragmentenstreit: Stufen des Konfliktes

1. Phase Lessing veröffentlicht in seiner Funktion als Herzoglicher Bibliothekar in Wolfenbüttel Teile aus dem Werk des mittlerweile verstorbenen Reimarus. Da sich Lessing scheut, den Namen des Verfassers preiszugeben, um Nachteile für die befreundete Familie zu vermeiden, lässt er die Schrift als angeblichen Fund aus der Bibliothek unter dem Titel »Fragmente eines Ungenannten« erscheinen. Diese Veröffentlichungen werden nicht einer Prüfung durch die Zensur unterzogen.

2. Phase Da der Name des Verfassers nicht bekannt ist, richtet sich die kirchliche Kritik an diesen »religionsfeindlichen« Theorien in aller Schärfe gegen den Herausgeber Lessing. Vor allem der Hamburger Hauptpastor Johann Melchior Goeze kämpft mit wüsten Schmähschriften gegen ihn.

3. Phase Lessing schreibt den »Anti-Goeze«, eine Briefesammlung, in der er eindeutig als »Punktesieger« aus dem Kampf hervorgeht, weil er wortgewaltig seine Gegenargumente entwickelt.

4. Phase Der Herzog von Braunschweig erlässt auf Drängen der Gegner Lessings eine Zensurpflicht für alle seine theoretischen Schriften.

5. Phase Lessing schreibt vier Wochen nach diesem Veröffentlichungsverbot an seinen Bruder Karl, dass er den Streit mit Goeze nun auf der Bühne zu Ende fechten werde und dass er die Theologen mit dem »Nathan« noch weit mehr ärgern wolle als mit den Fragmenten von Reimarus.

Lessings Position im Fragmentenstreit

- Lessing distanziert sich zwar von Reimarus' Thesen und fügt der Veröffentlichung »Gegensätze« bei, in denen er seine eigene theologische Sicht darlegt.
- Aber auch er ist der Überzeugung, dass die Religion nicht die Vernunft des Menschen außer Kraft setzen darf und dass die biblische Überlieferung nicht in jedem Fall wortwörtlich genommen werden darf.

Hintergrund

Die Quelle

Bereits Jahre vor dem Fragmentenstreit hatte Lessing die Erzählung von den drei Ringen entdeckt, die nun das Herzstück des geplanten Werkes werden sollte. Diese Vorlage für die »Ringparabel« stammt aus dem »Decamerone«, einer Novellensammlung des italienischen Dichters Boccaccio (1313–1375), und erzählt die Geschichte des Juden Melchisedech, den Saladin in eine Falle locken will.

Inhaltliche Zusammenfassung der Boccaccio-Novelle

- Saladin erinnert sich, als er in Geldnöte kommt, eines Juden namens Melchisedech, der Geld gegen Zinsen verleiht, aber ungeheuer geizig ist. Er bittet ihn zu sich und stellt ihm die Frage, welche der drei Religionen die wahre sei.
- Melchisedech durchschaut den Plan, ihn in eine Falle zu locken, und er erzählt die Geschichte von den drei Ringen:
- Ein reicher Mann vererbt einen besonders schönen und kostbaren Ring einem seiner Söhne. Mit dem Ring ist der Anspruch auf das Gesamterbe verbunden.
- Nachdem der Ring über mehrere Generationen hinweg in gleicher Weise weitergegeben worden ist, kommt er in die Hände eines Vaters, der sich nicht entscheiden kann.
- Jedem seiner drei Söhne verspricht er den Ring, weil er alle gleich liebt. Er lässt zwei weitere Ringe anfertigen, die dem ersten fast gleich sind.
- Nach dem Tod des Vaters kommt es zum Erbstreit der Brüder; das Rätsel, welcher der Ringe nun der echte ist, wird jedoch nicht gelöst.

Die Veränderungen, die Lessing gegenüber der Vorlage vornimmt, machen aus der ursprünglich vor allem unterhaltenden Erzählung eine Parabel mit tiefem theologischen Gehalt. (Eine Parabel ist eine gleichnishafte Erzählung, deren Lehre erst durch die Deutung des Lesers/Hörers erschlossen wird, s. S. 15f.)

Lessings Ringparabel: Wesentliche Abweichungen von der Vorlage

- Nathans Großzügigkeit steht im Gegensatz zu Melchisedechs Geiz.
- Die Wunderkraft des Ringes, beliebt zu machen, fehlt bei Boccaccio.
- Damit verschiebt sich auch die Gewichtung, was den Wert des Ringes ausmacht: Nicht das Materielle ist wesentlich bei Lessing, sondern die Wirkung des Ringes auf seinen Träger.
- Erst Lessings Variante enthält die dramatische Zuspitzung des Konflikts vor dem Richter und damit den Höhepunkt der Ringparabel: die Zurechtweisung der Brüder und den Rat des Richters.
- Auch die Belehrung Saladins durch Nathan und die Bitte Saladins, Nathans Freund sein zu dürfen, ist Lessings Ergänzung.

Durch die Veränderungen erhält die **Erzählung von den drei Ringen** eine völlig neue Aussagekraft. Der Leser bzw. Zuschauer wird in der Konfrontation mit der Bildhälfte der Parabel, ähnlich wie Saladin selbst, angeregt, die gemeinte Wirklichkeit analog zu erschließen und über die eigene Religiosität nachzudenken. Der eindringliche Appell des Richters am Ende der Parabel zwingt zum Nachdenken über das eigene sittliche Verhalten und soll Betroffenheit auslösen (s. zur Ringparabel auch S. 42ff.).

Hintergrund

Die Entstehungszeit

Als »Aufklärung« wird die geistesgeschichtliche Epoche bezeichnet, die den Barock des 17. Jahrhunderts ablöst und deren Denkanstöße neben der Literatur vor allem Geschichtsphilosophie, Politik, Theologie und Pädagogik des 18. Jahrhunderts durchdringen. Der Einfluss dieses neuen »aufklärerischen« Denkens ist über das 19. Jahrhundert hinweg bis in die heutige Zeit erkennbar.

Im Vertrauen auf die Kraft der menschlichen Vernunft machen sich die Aufklärer, z. B. die Philosophen Locke, Montesquieu, Rousseau, Kant, um nur einige der berühmtesten Namen zu nennen, daran, alle überlieferten Wahrheiten und autoritätsorientierten Denkansätze einer genauen Prüfung zu unterziehen. Kritik üben sie vor allem im religiösen und im politischen Bereich, wobei sie auch konstruktive Veränderungen in Staat und Kirche vorschlagen. Für den Großteil der Aufklärer steht fest, dass der Mensch von Natur aus gut ist. Daher kommt es nur darauf an, das Gute in ihm durch Belehrung und Erziehung zu entwickeln, um ihn zu einem glücklichen, mündigen und freien Bürger zu machen. Die zukünftige Gemeinschaft derart aufgeklärter Weltbürger wird sich von selbst zu einer humanen und toleranten Gesellschaft – frei von Hass, Armut und Krieg – organisieren.

Die Aufklärung hat Veränderungen in Gang gesetzt, die letztlich zwei Revolutionen ausgelöst haben: die Französische Revolution (1789) und – im 19. Jahrhundert dann – die industrielle Revolution. Beide Ereignisse erschütterten die alte Feudalordnung bis in ihre Fundamente, drängten den kirchlichen Einfluss zurück und beseitigten überkommene Adelsprivilegien.

Obwohl einige wesentliche Forderungen der Aufklärung damit verwirklicht sind, haben sich längst nicht alle Erwartungen des optimistischen aufklärerischen Denkens erfüllt. Noch immer prägen Fanatismus, Massenelend und Kriege das Gesicht unserer Welt. Vor diesem Hintergrund hat aufklärerisches Denken nichts an Aktualität eingebüßt, und es bleibt für viele Menschen auch heute die Sehnsucht nach einer Fortsetzung und Vollendung der Aufklärung.

Die politischen Forderungen der Aufklärung haben auf die amerikanische (1776) und auf die französische Menschenrechtserklärung (1789) maßgeblichen Einfluss gehabt und prägen auch unser modernes Rechtsempfinden entscheidend:

- Der Mensch ist von Geburt an frei.
- Jedes Herrschaftsverhältnis bedarf der Legitimation durch die Beherrschten.
- Der Mensch hat angeborene Menschenrechte auf Leben, Freiheit, Eigentum, Glücksstreben.

Entsprechend protestiert die Aufklärung gegen die Auswüchse und Entartungen des Absolutismus und bekämpft

- die unsinnige Prachtentfaltung und Verschwendungssucht der Fürsten,
- die moralische und sittliche Verwahrlosung,
- die Willkür – und Tyrannenherrschaft

zunächst noch in bescheidenem, im Verlauf des 18. Jahrhunderts in immer lauter werdendem Ton. Dies zwingt die Fürsten zu immer weitreichenderen Zugeständnissen und zeigt in Deutschland Wirkung im aufgeklärten Absolutismus des preußischen Königs Friedrichs II.

Auch die Kirche gerät zunehmend in das Kreuzfeuer der Kritik, weil die Aufklärer den blinden Gehorsam, der von den Geistlichen in Fragen des Glaubens, der Sitte und der Moral gefordert wird, als entmündigend und der Vernunft widersprechend empfinden. Religion und Glaube, so die Forderung aufgeklärter Theologen, darf den mit Vernunft ausgestatteten Menschen nicht versklaven, sondern muss ihm die Freiheit der Eigenverantwortlichkeit und des Gewissens lassen.

Hintergrund

Der Text in seiner Zeit

»Nathan der Weise« zählt zu den wirklich typischen Werken der Aufklärung. Lessings Bemühen, die zentralen Forderungen dieser

■ Ablehnung religiöser Schwärmerei

Rechas Glaube, von einem Engel gerettet worden zu sein, behindert den Gebrauch der Vernunft und macht humanes Handeln unmöglich. Gott muss die menschliche Vernunft nicht außer Kraft setzen, um zu helfen.

■ Kampf gegen Vorurteile

Am Beispiel des Tempelherrn wird die Gefährlichkeit unaufgeklärter Denkweise, die in grundlosen und vorschnellen Vorverurteilungen ihren Ausdruck findet, dargestellt.

■ Kritik am Absolutheitsanspruch des kirchlichen Amtes

Die Vernunft muss sich auch gegen die unmenschliche und starre Dogmatik (Glaubenslehre) behaupten. Unaufgeklärt ist der Patriarch, weil er ein machtbesessener Glaubensfanatiker ist.

■ Freundschaft als Ideal der Aufklärung

Das aufklärerische Ideal der einen großen Menschheitsfamilie, in der Unterschiede der Rasse und Religionszugehörigkeit unbedeutend werden, wird bei Lessing zum zentralen Thema.

■ Aufruf zu einer tugendhaften Lebensführung

Bescheidenheit und Großzügigkeit im Denken und Handeln sind die entscheidenden Tugenden, die den Menschen zu der von Nathan vorgelebten souveränen Gelassenheit führen sollen.

Epoche literarisch zu gestalten, hat den Inhalt und die äußere Form des Werkes entscheidend geprägt.

Nathan. *Begreifst du aber,*
Wie viel andächtig schwärmen leichter, als
Gut handeln ist? wie gern der schlaffste Mensch
Andächtig schwärmt, um nur, – ist er zuzeiten
Sich schon der Absicht deutlich nicht bewusst –
Um nur gut handeln nicht zu dürfen? (I, 2; V. 359ff.)

Tempelherr. *Woll' oder wolle nicht! Er ist entdeckt.*
Der tolerante Schwätzer ist entdeckt!
Ich werde hinter diesen jüd'schen Wolf
Im philosoph'schen Schafpelz, Hunde schon
Zu bringen wissen, die ihn zausen sollen! (IV, 4; V. 2778ff.)

Patriarch. *Ei freilich*
Muss niemand die Vernunft, die Gott ihm gab,
Zu brauchen unterlassen, – wo sie hin-
Gehört. – Gehört sie aber überall
Denn hin? – O nein! (IV, 2; V. 2476ff.)

Nathan. *Ha! Ihr wisst nicht, wie viel fester,*
Ich nun mich an Euch drängen werde. – Kommt,
Wir müssen, müssen Freunde sein! (II, 5; V. 1304ff.)

Nathan. *Wie kann ich meinen Vätern weniger,*
Als du den deinen glauben? Oder umgekehrt. –
Kann ich von dir verlangen, dass du deine
Vorfahren Lügen strafst, um meinen nicht
Zu widersprechen? Oder umgekehrt. (III, 7; V. 1985ff.)

Hintergrund

Die literarische Gattung

Das *dramatische Gedicht* »Nathan der Weise« lässt sich weder der Tragödie noch der Komödie zuordnen und ist mit der von Lessing gewählten Gattungsbestimmung in dem Bereich zwischen Dramatik und Lyrik anzusiedeln. Dass der »Nathan« weit mehr ist als ein Drama, das die Zusammenführung einer verirrten Familie »vorspielt«, wird an den heiklen theologischen und philosophischen Themen der Dialoge, vor allem in I,2, II,5 und III,7, deutlich. Lessings Bezeichnung »Gedicht« verweist auch auf die Bedeutung des »Nathan« als Lesestoff, der eine Lehre vermitteln und zu humanem Denken und Handeln aufrufen will.

Auffallend ist das Nebeneinander von komischen und tragischen Elementen im »Nathan«, und Schillers Äußerung, man könne aus dem Stück ohne wesentliche Veränderungen eine Komödie machen, aber nur mithilfe schwerer Eingriffe eine Tragödie entstehen lassen, bestätigt diese besondere »Uneindeutigkeit« des »Nathan«.

Komische Elemente:
- Dajas naive Art, das Christentum zu verteidigen,
- Rechas Umgang mit dem Tempelherrn bei der ersten Begegnung,
- Al-Hafis komische Rolle als Schatzmeister,
- die Konfliktsituation des Klosterbruders,
- Nathans ironische Kommentare, z. B. in I,1 (V. 157f.).

Tragische Elemente:
- die Sorgen Saladins bezüglich des Krieges,
- die Ermordung der Familie Nathans,
- die Judenfeindlichkeit des Tempelherrn,
- der gefährliche Besuch des Tempelherrn im Kloster,
- die menschenverachtende Rechtsprechung des Patriarchen.

Mit seiner Weigerung, den »Nathan« eindeutig einer bestimmten Dramengattung zuzuordnen, umgeht Lessing eine der für die damalige Dichtungstheorie zentralen »Regeln«. Obwohl er selbst den Absolutheitsanspruch und die oberflächliche Auslegung dieser Regeln heftig kritisiert hatte (s. S. 22), hält er eine weitere dieser Regeln im »Nathan« weitestgehend ein: die Regel von der Einheit des Ortes, der Zeit und der Handlung. Diese berühmte Regel geht bis auf die Poetik des Aristoteles zurück und fordert, dass ein Drama an e i n e m Ort innerhalb e i n e s Tages zu spielen habe und dass sich die Handlung auf d i e Personen und Ereignisse beschränken solle, die für das Verständnis des dramatischen Grundvorgangs unerlässlich sind.

Lessing wählt als Schauplatz die Stadt Jerusalem, weil keine andere Stadt geeigneter wäre, die Forderung nach einem friedlichen Nebeneinander von Juden, Christen und Moslems einsichtig zu machen. Denn für alle drei Religionsgemeinschaften ist Jerusalem eine heilige Stadt und alle glauben, berechtigte Ansprüche auf die Stadt erheben zu dürfen. Das strenge Gesetz der Einheit des Ortes wird insofern gelockert, als die Handlung an mehreren Schauplätzen spielt.

Nathans Haus, der Platz davor und Saladins Palast werden dabei zu echten Begegnungsstätten und zu Orten des überkonfessionellen Gedankenaustausches. Allein das Kloster, das nur einmal Schauplatz ist, ist hermetisch abgeriegelt und erlaubt nur Christen Zugang.

Die gesamte Handlung läuft entsprechend der Einheit der Zeit innerhalb eines Tages im Jahr 1192 ab. Die historische Rückverlegung in die Zeit der Kreuzzüge soll den Wahnsinn und die Sinnlosigkeit religiös begründeter Kriege veranschaulichen und gleichzeitig auf Gegenwart und Zukunft verweisen. Denn nur die kann zeigen, ob die Menschen zum friedlichen Miteinander befähigt sein werden.

Auch im Aufbau des »Nathan« folgt Lessing dem letztlich bis auf die Antike zurückgehenden Muster mit der Einteilung in fünf Akte und der entsprechenden Handlungsstruktur: Exposition (Einführung), Entwicklung (Steigerung), Peripetie (Wende), Retardation (Verzögerung) und Lösung bzw. Katastrophe (s. Schaubild S. 24/25).

Wort- und Sacherklärungen

Motto

Introite, nam et heic Dii sunt! »Tretet ein, denn auch hier sind Götter!« Aus der Weisheiten- und Sprüchesammlung des römischen Schriftstellers Aulus Gellius (2. Jh. nach Chr.).

Personenverzeichnis

Sultan Saladin	Oberhaupt von Ägypten und Syrien (1137–1193); große militärische Erfolge, vor allem die Rückeroberung Jerusalems, lösen den III. Kreuzzug aus.
Tempelherr	Mitglied des 1118 gegründeten Ritterordens; seine Aufgabe war es, die ins Heilige Land kommenden Pilger zu beschützen; die Mitglieder waren der Armut, Keuschheit und dem Gehorsam verpflichtet.
Derwisch	Moslemischer Bettelmönch, lebt enthaltsam, widmet sich dem Gebet, der Meditation und Glaubensunterweisung des Volkes.
Patriarch von Jerusalem	Geistliches Oberhaupt der Diözese Jerusalem im Range eines Bischofs.
Klosterbruder	Ungeweihter Laie im Gegensatz zu den Priestermönchen (»Vater«), der im Kloster einfachere Dienste verrichtet.

1. Aufzug

Grille (V. 142)	fixe Idee, sonderbare Ansicht
wallen (V. 158)	hier ironisch für: umhergehen, wandeln
Subtilität (V. 226)	hier negativ: Spitzfindigkeit
Bug (V. 283)	Biegung, Krümmung
Äser (V. 419)	Pluralbildung von Aas
Scheidebrief (V. 432)	die Freundschaft aufkündigen
Defterdar (V. 441)	Schatzmeister
filzig (V. 470)	in besonderem Maße geizig
Gimpel/Geck (V. 478)	eitler Einfaltspinsel, Dummkopf

Hintergrund

Biedermann (V.523)	hier positiv: Ehrenmann
Zurüstung (V.665)	Aufrüstung
Maroniten (V.673)	christliche Religionsgemeinschaft
Spezereien (V.734)	Gewürze

2. Aufzug

Gabel (V.792)	Schachfigur (Bauer) bedroht zwei feind-liche Figuren
Unterschleif (V.1015)	Unterschlagung, Veruntreuung
Haram (V.1142)	abgesondert gelegenes Frauenhaus
Kundschaft (V.1386)	näheres Kennenlernen
Roche (V.1466)	Turm im Schachspiel
Gheber (V.1489)	(nichtmoslemischer) Perser
Delk (V.1498)	Mantel des Bettelmönchs

3. Aufzug

abbangen (V.1743)	erpresserische Nötigung
ausbeugen (V.2117)	ausweichen
gelobtes Land (V.2132)	Israel
Bastard/Bankert (V.2209)	außereheliches Kind

4. Aufzug

Witz (V.2520)	geistreicher Einfall
Schnurre (V.2526)	witzige Erzählung
Apostasie (V.2537)	Abfall vom Glauben
Jamerlonk (V.2685)	Gewand der Araber
körnen (V.2772)	ködern
Gleisnerei (V.3026)	geheuchelte Frömmigkeit

5. Aufzug

Lecker (V.3193)	Schmeichler, Schmarotzer
Buhler (V.3262)	Geliebter
Stöber (V.3346)	Spion
gach (V.3716)	vorschnell, übereilt

Hintergrund

Interpretation

Textanalyse

Die folgende Textdeutung des *dramatischen Gedichtes* »Nathan der Weise« beschränkt sich auf drei wesentliche Bereiche, die ineinander greifen und nicht losgelöst voneinander betrachtet werden können:

Religiosität – Humanität und Toleranz – Gesellschaftsutopie

1. »Nathan der Weise« – die Frage nach dem rechten Religionsverständnis

- Welche Bedeutung muss dem Wunderglauben und der göttlichen Fügung beigemessen werden?
- Warum tritt jede Religion mit dem Absolutheitsanspruch auf und verhindert damit den Dialog?

2. »Nathan der Weise« – Aufruf zu Humanität und Toleranz

- Inwiefern ist Toleranz ein ständig neu zu leistender Lernprozess?
- Wie setzt Nathan die Theorie in die Praxis um?
- Ist Lessings Toleranzforderung heute noch aktuell?

3. »Nathan der Weise« – ein gesellschaftsutopischer Entwurf

- Die Utopie von der einen großen Menschheitsfamilie
- Die Bedeutungslosigkeit der materiellen Güter

1. »Nathan der Weise« – die Frage nach dem rechten Religionsverständnis

Bereits im Teil »Hintergrund« wurde darauf hingewiesen, dass Lessing einen sehr harten und teilweise äußerst polemisch geführten Streit (Fragmentenstreit, s. S. 28f.) mit dem Hamburger Hauptpastor Goeze ausgefochten hat. Zentrale Frage war, ob die Heilige Schrift und die daraus resultierende Lehre bedingungslos geglaubt werden müssen oder ob sie nicht vielmehr mit den Mitteln der Vernunft kritisch geprüft werden sollten. Da »Nathan der Weise« in engem Zusammenhang mit dieser theologischen Auseinandersetzung entstand, verwundert es nicht, dass Lessing hier viele, teilweise heute noch aktuelle religiöse Probleme anspricht.

1.1 Wunderglaube und göttliche Fügung

Gleich zu Beginn des Stückes (I,2) kommt es zwischen Nathan und Recha zu einer Auseinandersetzung über die Frage, welcher Stellenwert dem Wunderglauben in der Religiosität eines Menschen zukommt. Ausgangspunkt für die Diskussion ist der Glaube Rechas, von einem Engel aus dem brennenden Haus gerettet worden zu sein. In ihrer religiösen Schwärmerei ist sie der Überzeugung, dass Gott selbst dieses Wunder initiiert habe, also ihre Rettung eine göttliche Fügung gewesen sei, um sie vor dem sicheren Tod zu bewahren:

> Recha. *Nicht so ein Engel; nein! ein wirklicher;*
> *Es war gewiss ein wirklicher! – Habt Ihr,*
> *Ihr selbst die Möglichkeit, dass Engel sind,*
> *Dass Gott zum Besten derer, die ihn lieben,*
> *Auch Wunder könne tun, mich nicht gelehrt?*

(I,2; V.205ff.)

Nach Nathans Auffassung ist diese unvernünftige Schwärmerei Rechas ihrer unwürdig und letzten Endes eine ungeheure Anmaßung, weil sie sich einbildet, von Gott in besonderem Maße auser-

Interpretation

41

wählt zu sein. Gleichzeitig setzt dieser Glaube die menschliche Vernunft außer Kraft:

> Nathan. *Stolz! und nichts als Stolz! [...]*
> *Denn dein »Sich Gott um so viel näher fühlen«,*
> *Ist Unsinn oder Gotteslästerung.* (I, 2; V. 293ff.)

Diese an Daja gerichteten Worte zeigen in aller Deutlichkeit, was Nathan an dem christlichen Wunderverständnis stört. Es ist die Vorstellung, dass Gott die Naturgesetze außer Kraft setzen müsste, um den Menschen helfen zu können. Dieser Wunderglaube kann sogar die wahre Zielsetzung des religiösen Denkens und Handelns in das Gegenteil verkehren: Dort, wo die andächtige Schwärmerei das gute Handeln verhindert, ist sie nichts anderes als eine Form des Aberglaubens. Denn weder Recha noch Daja hätten sich ernsthaft darum bemüht, dem Tempelherrn für seine Rettung zu danken und die gute Tat zu vergelten.

Lessing kritisiert hier eine christliche Haltung und Gesinnung, die sich den sozialen Missständen und Nöten verschließt und das Gebet weit mehr in den Vordergrund rückt als den Dienst am Mitmenschen:

> Nathan. *Begreifst du aber,*
> *Wie viel andächtig schwärmen leichter, als*
> *Gut handeln ist? wie gern der schlaffste Mensch*
> *Andächtig schwärmt, um nur, – ist er zuzeiten*
> *Sich schon der Absicht deutlich nicht bewusst –*
> *Um nur gut handeln nicht zu dürfen?* (I, 2; V. 359ff.)

1.2 Der Absolutheitsanspruch der Religion

Die drei großen Religionen Judentum, Christentum und Islam haben ihr Fundament in dem Glauben, dass sich Gott in besonderer und einmaliger Weise den Menschen gezeigt und den allein richtigen und Heil bringenden Weg zum Himmelreich offenbart hat (Offenbarungsreligionen). Daraus resultiert ein Absolutheitsanspruch, der zwangsläufig dazu führen musste, den Weg der jeweils anderen Reli-

Interpretation

gionsgemeinschaften als falsch zu verurteilen. Der christliche Missionierungsdrang zur Zeit der Kreuzzuge war eine Folge dieser Ansicht.

Lessing verlegt die Handlung nach Jerusalem, weil dies für Juden, Christen und Moslems gleichermaßen eine heilige Stadt ist. Die Zeit der Handlung – der III. Kreuzzug fand zwischen 1189 und 1192 statt – verweist auf die unselige, von Glaubensfanatismus geprägte geistige Haltung, Kriege im Namen Christi zu führen und das »Heilige Land« von den »Heiden« zu befreien, indem man sie unterdrückt und tötet.

Dieses Handeln steht nach Lessing in eindeutigem Widerspruch zu den religiösen Geboten, die zu menschlichem Denken und Handeln aufrufen.

Im Dialog mit dem Tempelherrn (II, 5) spricht Nathan aus, wie er zum Absolutheitsanspruch der Religionsgemeinschaften steht und was sich seiner Meinung nach in der Gesinnung der Menschen ändern müsste, damit ein friedliches Miteinander möglich wird:

> Nathan.   *Ich weiß, wie gute Menschen denken; weiß,*
> *Dass alle Länder gute Menschen tragen.*   (II, 5; V. 1273f.)
> *Nur muss der eine nicht den andern mäkeln.*
> *Nur muss der Knorr den Knuppen[1] hübsch vertragen.*
> *Nur muss ein Gipfelchen sich nicht vermessen,*
> *Dass es allein der Erde nicht entschossen.*   (II, 5; V. 1283ff.)

Auch der Tempelherr steht nicht nur den Juden, sondern auch der eigenen Religion recht kritisch gegenüber:

> Tempelherr.   *Wenn hat, und wo die fromme Raserei,*
> *Den bessern Gott zu haben, diesen bessern*
> *Der ganzen Welt als Besten aufzudringen,*
> *In ihrer schwärzesten Gestalt sich mehr*
> *Gezeigt, als hier, als itzt?*   (II, 5; V. 1297ff.)

---

1 Knorr/Knuppen: Auswüchse an Bäumen

Noch konkreter taucht diese Problematik im Gespräch zwischen Saladin und Nathan (III, 7) auf, dem wichtigsten Auftritt im »Nathan«, denn hier wird von Saladin die entscheidende Frage gestellt, welche Religion denn nun die einzig wahre sei.

In der Ringparabel, die Lessing aus der Novellensammlung von Boccaccio entnommen hat (mit kleinen, aber wesentlichen Veränderungen! s. S. 30f.), legt Nathan, ähnlich wie in dem Gespräch mit dem Tempelherrn, seine Überzeugung hinsichtlich der Frage des rechten Glaubens und Handelns in aller Offenheit dar: So wie sich die Wunderkraft des Ringes, *[v]or Gott und Menschen angenehm* (V. 2017f.) zu machen, nur bei dem erweist, der im Glauben an diese Kraft seines Ringes lebt, so kann sich auch die Echtheit der Religion nur im guten Handeln der Gläubigen erweisen. Wie die Ringträger nach dem Rat des Richters in einen friedlichen Wettstreit treten sollen, so müssten auch die Religionsgemeinschaften in eine friedliche Konkurrenz treten und sich gegenseitig in Menschlichkeit, Güte und Nächstenliebe zu überbieten versuchen:

> Nathan. *Wohlan!*
> *Es eifre jeder seiner unbestochnen*
> *Von Vorurteilen freien Liebe nach!*
> *Es strebe von euch jeder um die Wette,*
> *Die Kraft des Steins in seinem Ring' an Tag*
> *Zu legen! komme dieser Kraft mit Sanftmut,*
> *Mit herzlicher Verträglichkeit, mit Wohltun,*
> *Mit innigster Ergebenheit in Gott,*
> *Zu Hülf'!* (III, 7; V. 2040ff.)

Diese Ermahnung und Weisung des Richters, als »ethischer Imperativ« formuliert, stellt angesichts der heute weltweit ausgetragenen religiösen und politischen Konflikte eine bleibend gültige Forderung Lessings dar. Auch unsere eigene Geschichte lehrt uns, dass die Möglichkeit, in den grauenvollen Zustand der menschenverachtenden Barbarei zurückzufallen, generell besteht.

Lessing wählt zur Vermittlung der für ihn wichtigsten Botschaft die literarische Form der Parabel.

Schaubild zur Ringparabel

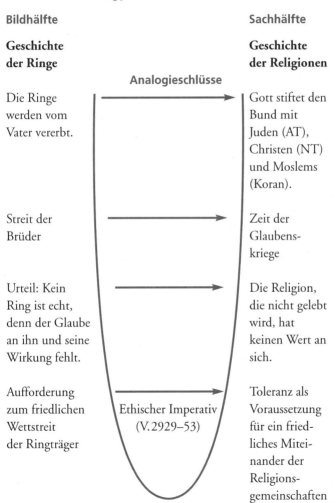

Bildhälfte

Sachhälfte

Geschichte der Ringe

Geschichte der Religionen

Analogieschlüsse

Die Ringe werden vom Vater vererbt.

→ Gott stiftet den Bund mit Juden (AT), Christen (NT) und Moslems (Koran).

Streit der Brüder

→ Zeit der Glaubenskriege

Urteil: Kein Ring ist echt, denn der Glaube an ihn und seine Wirkung fehlt.

→ Die Religion, die nicht gelebt wird, hat keinen Wert an sich.

Aufforderung zum friedlichen Wettstreit der Ringträger

Ethischer Imperativ (V. 2929–53)

→ Toleranz als Voraussetzung für ein friedliches Miteinander der Religionsgemeinschaften

Interpretation

Die Parabel hat den Reiz des Rätselhaften und Verschlüsselten, denn die erzählte Geschichte (Bildhälfte) gewinnt Sinn und Bedeutung erst durch die »Übersetzung« (Analogieschluss) in die gemeinte Wirklichkeit (Sachhälfte).

Am Ende der erzählten Geschichte steht häufig eine Aufforderung, die an den Leser bzw. Hörer gerichtet ist und ihn ermahnt, die Lehre der Parabel auch in die Tat umzusetzen. Die grafische Darstellung der Ringparabel (s. S.45), die sich der aus der Mathematik bekannten Kurvenform bedient, mag das Verständnis erleichtern.

Sie zeigt, welche Leistung dem Hörer bzw. Leser der Parabel abverlangt wird: Er selbst muss die rätselhafte Verschlüsselung der gemeinten Wahrheit auflösen, um den tieferen Sinngehalt der erzählten Geschichte begreifen zu können. Weit mehr als die Fabel setzt die Parabel also den eigenständigen Denkprozess des Adressaten voraus und ermuntert ihn zur eigenen Erschließung der Lehre.

Zusammenfassung

- Lessing lehnt den christlichen Wunderglauben ab.
- Religion darf die Vernunft nicht unterjochen.
- Die christliche Gesinnung muss sich in den Taten beweisen, nicht in frommem Gerede.
- Jede Glaubensgemeinschaft soll die anderen in gutem Handeln zu übertrumpfen versuchen.
- Erst wenn sich die Menschen gegenseitig trotz der Unterschiede respektieren und tolerieren, kann es Frieden geben.

■ 2. »Nathan der Weise« – Aufruf zu Humanität und Toleranz

2.1 Toleranz als ständig neu zu leistender Lernprozess

An der Figur des Tempelherrn zeigt Lessing besonders deutlich, dass die geistige Grundhaltung der Toleranz erarbeitet, ja manchmal unter schmerzlichster Zurückhaltung der eigenen Emotionen erkämpft werden muss. Die erste Begegnung zwischen Nathan und dem Tempelherrn verläuft zunächst sehr negativ: Die herablassende und arrogante Art des Christen gegenüber »dem Juden« zeigt, wie Vorurteile zwischenmenschliche Beziehungen zerstören können. Denn der Tempelherr hat sich »ein Bild« von den Juden gemacht und weigert sich zunächst beharrlich, dieses Bild zu korrigieren. So wirft er Nathan, ohne ihn zu kennen, vor, er sei geizig und sein Denken und Handeln kreise nur um seinen Reichtum. Als ihm Nathan Geld anbietet, antwortet der Tempelherr voller Verachtung:

> Tempelherr. *Der reichre Jude war*
> *Mir nie der bessre Jude.* (II, 5; V. 1231 f.)

Nathan, an Jahren und Weisheit dem jungen Tempelherrn weit überlegen, lässt sich durch die Beleidigungen nicht aus der Fassung bringen, weil er überzeugt ist, dass ein Mann, der sein Leben aufs Spiel setzt, um einen anderen Menschen zu retten, einen guten Kern haben muss. Immer wieder ignoriert er die höhnischen Bemerkungen und verunsichert den Tempelherrn dadurch, dass er den Gefühlen der Dankbarkeit freien Lauf lässt:

> Nathan. *Es ist doch sonderbar,*
> *Dass so ein böser Fleck, dass so ein Brandmal*
> *Dem Mann ein bessres Zeugnis redet, als*
> *Sein eigner Mund. Ich möcht ihn küssen gleich –*
> *Den Flecken!* (II, 5; V. 1246 ff.)

Interpretation

Der Tempelherr lernt von Nathan, dass Toleranz, Akzeptanz und Wertschätzung Grundvoraussetzungen für eine menschlichere Welt sind und jeder in erster Linie der Humanität und nicht irgendwelchen religiösen Dogmen verpflichtet ist. Die hohe ethische Forderung der Ringparabel, in III, 7 theoretisch formuliert, wird also von Nathan bereits in II, 5 praktisch umgesetzt. Berücksichtigt man die in IV, 7 nachgelieferte Information, dass die Christen vor Jahren seine Frau und seine sieben Söhne umgebracht haben, weiß man, dass Nathan allen Grund hätte, die Christen zu hassen:

> Nathan. *Ihr wisst wohl aber nicht, dass wenig Tage*
> *Zuvor, in Gath die Christen alle Juden*
> *Mit Weib und Kind ermordet hatten; wisst*
> *Wohl nicht, dass unter diesen meine Frau*
> *Mit sieben hoffnungsvollen Söhnen sich*
> *Befunden, die in meines Bruders Hause,*
> *Zu dem ich sie geflüchtet, insgesamt*
> *Verbrennen müssen.* (IV, 7; V. 3038ff.)

Obwohl der Tempelherr am Schluss des Dialoges Freundschaft mit Nathan schließen will, ist der Erziehungsprozess damit noch lange nicht abgeschlossen. Immer wieder fällt er, unfähig, mit seinen Gefühlen umzugehen, in das alte, von Vorurteilen belastete Denken und Handeln zurück. So nennt er Nathan einen *tolerante[n] Schwätzer und jüd'schen Wolf / Im philosoph'schen Schafpelz* (IV, 4; V. 2779f.), den man mit Hunden jagen müsse, weil er in blinder Eifersucht und gekränkter Eitelkeit vermutet, Nathan habe Recha nur deshalb aufgenommen und erzogen, weil er so seine private Rache an den Christen üben wolle.

Auch die Tatsache, dass er zum Patriarchen geht, um ihn »um Rat zu fragen«, zeigt den Rückfall in unaufgeklärte Denkstrukturen, denn er müsste die Menschenkenntnis besitzen, den Patriarchen als Inbegriff intoleranten Denkens richtig einzuschätzen.

Der Tempelherr läuft ständig Gefahr, seinen eigenen Idealen untreu zu werden. Seine Emotionen verhindern mehrfach eine gerechte Beurteilung seiner Mitmenschen, und selbst in der Schlussszene steckt er noch voller Aggressionen, wenn er Nathan unterstellt, er habe die Geschichte mit dem Bruder Rechas nur erfunden, um den Anspruch auf Recha aufrechterhalten zu können. Lessing macht die Widersprüchlichkeit im Charakter des Tempelherrn immer wieder glaubhaft und nachvollziehbar, daher bleibt er trotz seiner Unzulänglichkeiten eine sympathische Figur, die uns veranschaulichen soll, wie schwer der Weg von der Intoleranz zur Humanität sein kann, gerade, wenn er mit persönlichen Opfern verbunden ist.

2.2 Nathans praktizierte Toleranz

Nathan selbst hat achtzehn Jahre zuvor unter erheblich schwierigeren Voraussetzungen diesen Weg vollzogen, als er sich spontan entschied, die Rachegefühle gegenüber den Christen nach der Ermordung seiner Familie zu überwinden und das vom damaligen Reitknecht und jetzigen Klosterbruder überbrachte Kind in seine Obhut zu nehmen. Welche Überwindung es ihn gekostet haben mag, human zu handeln, wird im Gespräch mit dem Klosterbruder deutlich:

> Nathan.   *Als*
> *Ihr kamt, hatt ich drei Tag' und Nächt' in Asch'*
> *Und Staub vor Gott gelegen, und geweint. –*
> *Geweint? Beiher mit Gott auch wohl gerechtet,*
> *Gezürnt, getobt, mich und die Welt verwünscht;*
> *Der Christenheit den unversöhnlichsten*
> *Hass zugeschworen –   [...]*
> *Doch nun kam die Vernunft allmählig wieder.*
> *Sie sprach mit sanfter Stimm': »Und doch ist Gott!*
> *Doch war auch Gottes Ratschluss das! Wohlan! [...]«*
> (IV,7; V. 3046ff.)

Interpretation

Auch die Tatsache, dass er eine christliche Erzieherin für Recha engagiert, veranschaulicht seine Offenheit in religiösen Fragen. Denn Daja ist in ihrer etwas naiven Art überzeugte Christin und lässt keine Möglichkeit aus, Recha durch Gespräche und Erzählungen in die Welt des christlichen Glaubens einzuführen. Immer wieder macht sie Nathan Vorwürfe, er begehe ein Verbrechen vor Gott, wenn er Recha weiter vom ihrer Meinung nach allein selig machenden christlichen Glauben abhalte:

> Daja.   *Ich schweige.*
> *Was Sträfliches vor Gott hierbei geschieht,*
> *Und ich nicht hindern kann, nicht ändern kann, –*
> *Nicht kann, – komm' über Euch!*   (I, 1; V. 58ff.)

Je konkreter ihre Hoffnung wird, Recha in die Arme des christlichen Tempelherrn lotsen zu können, desto schärfer wird auch ihr Ton gegenüber Nathan:

> Daja.   *Mit kurzen Worten!*
> *Der Tempelherr liebt Recha: gebt sie ihm,*
> *So hat doch einmal Eure Sünde, die*
> *Ich länger nicht verschweigen kann, ein Ende.*
>
>   (IV, 6; V. 2886ff.)

Dennoch entzieht Nathan seine Tochter nicht dem Einfluss Dajas und setzt sich damit auch einer gewissen Gefährdung aus, denn Daja ist es, die in ihrer Indiskretion dem Tempelherrn die nötigen Informationen über die Herkunft Rechas gibt und ihn dadurch veranlasst, den Patriarchen aufzusuchen.

Ein weiteres Beispiel für die Toleranz Nathans ist seine Freundschaft zum moslemischen Bettelmönch Al-Hafi, mit dem ihn weit mehr als die Liebe zum Schachspiel verbindet. Die Sorge um das Wohl seines Freundes geht so weit, dass er Al-Hafi ernsthaft ermahnt, das Amt als Schatzmeister niederzulegen, weil es nicht zu seinem Wesen passt. Nathan hat Angst, dass Al-Hafi seine Ideale von Humanität dieser

Interpretation

neuen Tätigkeit opfern könnte. So gibt er seinem Freund den Rat:

> Nathan.   *Al-Hafi, mache, dass du bald*
> *In deine Wüste wieder kömmst. Ich fürchte,*
> *Grad unter Menschen möchtest du ein Mensch*
> *Zu sein verlernen.*   (I, 3; V. 496ff.)

2.3 Lessings Toleranzforderung heute

Dummheit, Ignoranz, blinde Aggression und die bewusste Verbreitung von Unwahrheiten gehören heute wie zur Zeit Lessings zu den großen Bedrohungen unserer Zivilisation. Diesem Fundament der Intoleranz muss auch heute mit allen legitimen Mitteln entgegengetreten werden. Der Toleranzbegriff Lessings darf nicht mit weltanschaulicher Gleichgültigkeit verwechselt werden. Nur das ernsthafte Bemühen um gegenseitiges Verständnis und das Zugehen auf den Andersdenkenden machen eine Grundhaltung der Toleranz möglich. Dazu gehört jedoch auch, eigene Positionen zu entwickeln und sie zu verteidigen. So wie es Nathan nicht gleichgültig ist, was der Tempelherr oder Daja über ihn denken, so darf es auch uns heute nicht egal sein, wenn Vorurteile, Schein- und Halbwahrheiten das freie Denken und Handeln des Menschen zu be- oder verhindern drohen.

Zusammenfassung

- Nathans Gesinnung der Toleranz zeigt sich in seiner Bereitschaft, Freundschaft mit Menschen anderer Religionszugehörigkeit zu schließen und ein Kind christlichen Glaubens anzunehmen.
- Kämpferisch in der Argumentation zeigt er sich dort, wo Vorurteile und Glaubensfanatismus menschliches Denken und Handeln überlagern, so gegenüber Saladin, Daja und dem Tempelherrn.

Interpretation

▪▪ 3. »Nathan der Weise« – ein gesellschafts-utopischer Entwurf

3.1 Die Utopie von der einen großen Menschheitsfamilie

Die Schlussszene V, 8 realisiert im dramatischen Bühnengeschehen den Leitgedanken der Ringparabel: Die Menschen erkennen ihren gemeinsamen Ursprung und bekennen sich zu ihrer Verwandtschaft, die religiösen und sozialen Unterschiede werden bedeutungslos. Der häufig als rührende Familienszene kritisierte letzte Auftritt sagt vieles über Lessings optimistisches Menschenbild aus; auf der Bühne gelingt der Durchbruch zur Erkenntnis der Gemeinsamkeiten, die alle Menschen verbinden, die Erziehung und Selbsterziehung der einzelnen Figuren unter Nathans Regie hat Früchte getragen. Dabei werden neben den religiösen auch die sozialen Schranken überwunden und Nathan selbst steht als der aufgeklärte Humanist zumindest geistig in der Mitte des Kreises derer, die sich als Familienangehörige immer wieder umarmen.

Die Utopie Lessings, dass wir Menschen tatsächlich einmal in ferner Zukunft in der Lage seien, Vorurteile abzubauen und den anderen, fremden Menschen in seiner Andersartigkeit zu akzeptieren und Toleranz zu praktizieren, bleibt bis heute ein nicht verwirklichter Traum. Noch immer leben wir weit entfernt von der Realisierung dieser Utopie und vieles, was sich Lessing für die Zukunft erhofft hatte und was die »Aufklärer« mit Begeisterung verkündeten, hat sich in der Wirklichkeit nicht bestätigt. Die Schlussszene verweist trotz der Überbeanspruchung des Zufalls auf eine Möglichkeit menschlicher Zukunft, für die sich auch heute der persönliche Einsatz und Kampf lohnen könnte.

3.2 Die Bedeutungslosigkeit der materiellen Güter

Lessings Utopie einer neuen Gesellschaft beinhaltet auch den Traum, dass der Mensch ganz nach seinen menschlichen Qualitäten und seinen geistigen Fähigkeiten und eben nicht nach der Größe seines Vermögens beurteilt wird. Nathan selbst, Saladin, der Tempelherr, der Klosterbruder Bonafides und Al-Hafi messen dem Geld eine recht untergeordnete Rolle bei. Nathan, laut Al-Hafis Bericht unermesslich reich (vgl. II,2), ist bereit, Saladin freiwillig Geld zu leihen, obwohl er von dessen Unfähigkeit, mit Geld zu wirtschaften, weiß. Entscheidend dabei ist, dass Nathan das Geld in erster Linie dem neu gewonnenen Freund Saladin und nicht dem Sultan und Herrscher anbietet. Dass Geld verführbar macht, zeigt Lessing an verschiedenen Figuren. So lässt der Patriarch keine Möglichkeit aus, seinen Reichtum zur Schau zu stellen (vgl. IV,2), verweigert jedoch Nahrungssuchenden sogar eine Mahlzeit (vgl. I,5). Dajas »laut aufschreiendes Gewissen« wird mehr als einmal von Nathans Freigiebigkeit und seinen großzügigen Geschenken »beruhigt«.

Die Gefährdung, die vom materiellen Besitzstand ausgeht, erkennt Nathan sehr deutlich. Vor allem beim Abschied von Al-Hafi wird seine Einstellung nochmals unterstrichen:

> Al-Hafi. *Ach Possen! Der Bestand*
> *Von meiner Kass' ist nicht des Zählens wert;*
> *Und meine Rechnung bürgt – Ihr oder Sittah.*
> *Lebt wohl!* (Ab.)
> Nathan (ihm nachsehend).
>   *Die bürg ich! – Wilder, guter, edler –*
> *Wie nenn ich ihn? – Der wahre Bettler ist*
> *Doch einzig und allein der wahre König!*
>
> (II,9; V.1511ff.)

Ähnlich großzügig, wenn auch mit geringeren Geldmitteln ausgestattet, verhält sich Saladin: Kein Bettler wird vor seinem Palast abgewiesen. So begründet er die Wahl des für dieses Amt eigentlich ungeeigneten Al-Hafi damit, dass nur ein Bettler wisse, wie man großzügig die Armen unterstützt (vgl. I,3). Wenn er dennoch unter der ständigen Geldknappheit in seiner Schatzkammer leidet, so nicht wegen sich selbst, sondern seines Vaters wegen, der im Libanon

Interpretation

wegen des Krieges dringend Geld braucht (vgl. II,2). Sittah steht im freigiebigen Umgang mit Geld ihrem Bruder in nichts nach, heimlich bestreitet sie die laufenden Kosten der Hofführung aus ihrem Privatvermögen; und sie ist peinlich berührt, als Al-Hafi davon Saladin berichtet:

> Al-Hafi. *[sie ... hat ...]*   *Den ganzen Hof*
> *Erhalten; Euern Aufwand ganz allein*
> *Bestritten.*
> Saladin.   *Ha! das, das ist meine Schwester!*
>
> (II,2; V.982ff.)

Der Tempelherr, der Klosterbruder und Al-Hafi komplettieren die Gruppe derer, über die das Geld keine Gewalt erringen kann, auch wenn sich Al-Hafi zur Annahme des Schatzmeisteramtes zunächst hat verführen lassen.

Zusammenfassung

Lessings utopischer Entwurf beinhaltet die Hoffnung, dass die trennenden Schranken

- der Religion,
- der Rasse,
- der sozialen Schichtenzugehörigkeit,
- der geistigen Unterschiede

in ferner Zukunft überwunden werden und die Menschen zu einer großen Familie zusammenwachsen werden.

Interpretation

Aufgaben mit Lösungstipps

Wie bei der Textdeutung ist auch bei der Erstellung von Aufgaben die Bandbreite der möglichen Themen relativ groß, da jeder Lehrer andere Akzente setzt. Dennoch wird Ihnen das folgende Kapitel bestimmt nützliche Anregungen zur Prüfungsvorbereitung und für Klausuren geben.

? Aufgabe 1

Der Tempelherr

a) Ordnen Sie den Dialog zwischen Nathan und dem Tempelherrn (II, 5) in den Gesamtzusammenhang des Dramas ein.

b) Wie erreicht es Nathan, dass der Tempelherr seine abweisende Haltung aufgibt?

c) Charakterisieren Sie den Tempelherrn anhand weiterer Textstellen.

! Lösungstipp

a) Einordnung der Textstelle

Rückblick:
Rettungstat des Tempelherrn (I, 1); Begnadigung durch Saladin (I, 2); Tempelherr lehnt nähere Bekanntschaft mit Recha ab (I, 6); ist verärgert über das Anliegen des Patriarchen (I, 5); ist übler Laune wegen des Gespräches mit dem Klosterbruder (I, 5)

Textstelle:
Erste Begegnung zwischen dem Juden Nathan und dem christlichen Tempelherrn; verächtliches und herablassendes Benehmen des Tempelherrn; Nathans Freundschaft mit dem Retter seiner Tochter

Interpretation

Ausblick:

Bereitschaft, Recha zu besuchen (III, 2); Heiratsantrag und Zorn über die Zurückweisung (III, 9); »Fast-Verrat« beim Patriarchen (IV, 2); Recha und der Tempelherr sind Geschwister (V, 8)

b) Nathans Verhalten

Bekämpfung von Vorurteilen durch »dialogisches« Vorgehen; lässt sich vom Tempelherrn nicht beleidigen; zwingt ihn zur Begründung seiner judenfeindlichen Gesinnung

Zentrale Aussage:

> Nathan. *Sind Christ und Jude eher Christ und Jude,*
> *Als Mensch? Ah! wenn ich einen mehr in Euch*
> *Gefunden hätte, dem es g'nügt, ein Mensch*
> *Zu heißen!*   (II, 5; V. 1310ff.)

Wirkung bei Nathans Gesprächspartner:

Tempelherr durch Nathans Verhalten verunsichert; erkennt, dass er Nathan vorschnell verurteilt hat; sieht den Irrtum in der eigenen Argumentation ein; bittet Nathan um Freundschaft

Textbelege:

Anrede *Jude* zeigt abweisende Haltung des Tempelherrn; Nathan wird mehrmals unterbrochen (V. 1197–1207); »bissige« Bemerkungen mit dem Ziel, Nathan zu kränken (v. a. V. 1209ff., V. 1240ff.); Umschwung: Verunsicherung des Tempelherrn:

> Tempelherr.   *Aber, Jude –*
> *Ihr heißet Nathan? – Aber, Nathan – Ihr*
> *Setzt Eure Worte sehr – sehr gut – sehr spitz –*
> *Ich bin betreten – Allerdings – ich hätte ...*
>   (II, 5; V. 1258ff.)

Versuch, die judenfeindliche Gesinnung zu rechtfertigen (ab V. 1288); aus Polemik wird Argumentation; es folgt die entscheidende Erkenntnis des Tempelherrn: Auch die Christen sind in ihrem Absolutheitsanspruch nicht besser als die Juden und sie scheuen auch den Krieg nicht, um ihre Religion zu verbreiten:

> Tempelherr.   *Wenn hat, und wo die fromme Raserei,*
> *Den bessern Gott zu haben, diesen bessern*
> *Der ganzen Welt als Besten aufzudringen,*
> *In ihrer schwärzesten Gestalt sich mehr*
> *Gezeigt, als hier, als itzt?*
>
> (II, 5; V. 1297ff.)

c) Charakterisierung des Tempelherrn

Erziehung des Tempelherrn zwar eingeleitet, jedoch nicht vollendet; kann Gefühle nur schwer beherrschen, oft emotionalen Schwankungen unterworfen (Zorn, Eifersucht, Stolz …); fällt mehrfach in das alte vorurteilsbehaftete Denken zurück (IV, 2; IV, 4 v. a. V. 2778ff.; V, 8 v. a. V. 3754ff.); auch positive Ansätze, erkennt eigenes Fehlverhalten; am Ende Lernprozess abgeschlossen; aufgeklärte Gesinnung!

Zusammenfassung

- An der nicht unsympathischen Figur des Tempelherrn wird der schwierige Prozess hin zum aufgeklärten Denken veranschaulicht.
- Die Befreiung von der Autorität des Patriarchen befähigt ihn, sich seines *eigenen Verstandes zu bedienen* (Kant); in der Schlussszene ist er wie Recha Teil der großen Menschheitsfamilie, deren Stifter Nathan ist.

Interpretation

? Aufgabe 2

Der Patriarch

a) Ordnen Sie den Dialog zwischen dem Tempelherrn und dem Patriarchen (IV,2) in den Gesamtzusammenhang des Dramas ein.

b) Charakterisieren Sie den Patriarchen unter Berücksichtigung weiterer zentraler Textstellen.

c) Welche Kritik übt Lessing anhand dieser Figur?

! Lösungstipp

a) Einordnung der Textstelle

Rückblick:

Plan des Patriarchen, Saladin durch den Tempelherrn ermorden zu lassen; Abscheu des Tempelherrn (I,5); Begegnung mit Nathan: Freundschaft (II,5); verliebt sich in Recha; Heiratsantrag, Zorn über Nathans kühle und distanzierte Reaktion (III,9); Informationen über Rechas christliche Herkunft

Textstelle:

Frage des Tempelherrn nach der Rechtslage: Darf ein Jude ein christliches Kind in jüdischem Glauben erziehen? Urteil des Patriarchen: Verbrechen, das mit dem Tod bestraft wird; Tempelherr verschweigt beharrlich den Namen Nathans

Ausblick:

Klosterbruder soll den Namen herausfinden; Verschwiegenheit Bonafides' verhindert, dass der Patriarch die Informationen über Nathan zugetragen bekommt

b) Charakterisierung des Patriarchen

Äußeres Erscheinungsbild: prunkvolle Garderobe, dick, gerötetes Gesicht; Eitelkeit, oberflächliche Freundlichkeit, genussorientiert

Negative Verknüpfung von religiösem Amt und weltlichem Reichtum; Unnachgiebigkeit und Härte in der Rechtsprechung; Kirche als Deckmantel zur Befriedigung eigenen Machtstrebens; scheut auch vor Mord nicht zurück!

Komische Züge: Hat keine Menschenkenntnis; die richtigen Handlanger fehlen; Tempelherr und Klosterbruder ungeeignete Diener

c) Kritik Lessings

Verflechtung von Politik und Religion; Amts- und Autoritätsverständnis der Kirche negativ; Kritik auch an der Unterwerfung der Gläubigen unter Dogmen

? Aufgabe 3

Zur Ringparabel

G. E. Lessing: Über das Streben nach Wahrheit

> *Nicht die Wahrheit, in deren Besitz irgendein Mensch ist oder zu sein vermeinet, sondern die aufrichtige Mühe, die er angewandt hat, hinter die Wahrheit zu kommen, macht den Wert des Menschen. Denn nicht durch den Besitz, sondern durch die Nachforschung der Wahrheit erweitern sich seine Kräfte, worin allein seine immer wachsende Vollkommenheit bestehet. Der Besitz macht ruhig, träge, stolz –*
> *Wenn Gott in seiner Rechten alle Wahrheit und in seiner Linken den einzigen immer regen Trieb nach Wahrheit, obschon mit dem Zusatze, mich immer und ewig zu irren, verschlossen hielte, und spräche zu mir: wähle!*

Interpretation

> *Ich fiele ihm mit Demut in seine Linke, und sagte: Vater gib!*
> *die reine Wahrheit ist ja doch nur für dich allein!*[1]

a) Geben Sie die Hauptgedanken Lessings in eigenen Worten wieder.

b) Deuten Sie den Text.

c) Stellen Sie den Bezug zur Ringparabel her und interpretieren Sie die Ringparabel unter besonderer Berücksichtigung des obigen Textes.

! Lösungstipp

a) Hauptgedanken

Suche nach Wahrheit wichtiger als der Besitz von Wahrheit; Besitz macht phlegmatisch, bequem; ernsthaftes Bemühen, geistige Anstrengung wichtig!

b) Deutung

Kritisches Hinterfragen und Drang, die Wahrheit zu erfassen, als größte menschliche Gabe; versteckte Kritik an der Kirche: Dogmen als verbindliche Wahrheiten; Forderung nach Entscheidungs- und Glaubensfreiheit; Befreiung von der Zwangsjacke starrer kirchlicher Lehren!

c) Bezug zur Ringparabel und Interpretation

- Saladins Frage nach der Wahrheit der Religion: Nicht Zufall der Geburt, sondern Einsicht muss Wahl der Religion bestimmen (III, 5)!
- Nathans Überlegungen in III, 6: Wahrheit nicht verfügbar wie Geld; erkennt Tücke der Frage Saladins

---

1 G.E.Lessing: Eine Duplik. A.a.O. (vgl. S. 21), Bd. 8, S. 505f.

- Parabel nicht Antwort selbst, sondern Weg zur Antwort, da verschlüsselte Botschaft
- Drei Ringe – drei Glaubenswahrheiten: Judentum, Christentum, Islam; Streit der Brüder: Welcher Ring ist der echte, wer erbt den Besitz? Konkrete Macht- und Besitzansprüche im Vordergrund, nicht die Wunderkraft des Ringes!
- Streit der Religionsgemeinschaften: Wer hat die wahre und einzig selig machende Religion?
- Absolutheits- und Machtansprüche prallen aufeinander; Frage nach dem wahren und richtigen Glauben nicht zu beantworten
- Appell: Orientierung an den Geboten der Nächstenliebe, Menschlichkeit; Toleranz in Glaubensfragen; Zulassung anderer Ansichten; friedlicher Wettstreit statt Aggression! (vgl. auch Texanalyse S. 42–46)

Wichtige Textstellen

Saladin. *Von diesen drei*
Religionen kann doch eine nur
Die wahre sein. – Ein Mann, wie du, bleibt da
Nicht stehen, wo der Zufall der Geburt
Ihn hingeworfen: oder wenn er bleibt,
Bleibt er aus Einsicht, Gründen, Wahl des Bessern.
(III, 6; V. 1843ff.)

Nathan. *Was will der Sultan? was? – Ich bin*
Auf Geld gefasst; und er will – Wahrheit. Wahrheit!
Und will sie so, – so bar, so blank, – als ob
Die Wahrheit Münze wäre! (III, 6; V. 1866f.)

Interpretation

Lesetipps

Wenn Sie die Interpretation des »Nathan« noch etwas vertiefen wollen, finden Sie in den folgenden Werken weitere interessante Aspekte.

von Düffel, Peter: Nathan der Weise. Erläuterungen und Dokumente (RUB Nr. 8118). Stuttgart (Reclam) 1984 ● Eine Sammlung vieler wichtiger Texte zur Entstehung und Wirkungsgeschichte mit ausführlichen Wort- und Sacherklärungen. Dort ist auch die Quelle zur Ringparabel nachlesbar.

Durzak, Manfred: Zu Gotthold Ephraim Lessing. Poesie im bürgerlichen Zeitalter. Literaturwissenschaft – Gesellschaftswissenschaft – Interpretationen. Stuttgart (Klett) 1984, S. 114–130 ● Die überschaubare Interpretation vermittelt einen Überblick über die vielfältigen Ansätze zur Deutung des »Nathan«.

Rohrmoser, Günter: Lessings »Nathan der Weise«. In: **Benno von Wiese (Hg.):** Das deutsche Drama vom Barock bis zur Gegenwart. Interpretationen. Düsseldorf (Bagel) 1958.

Bohnen, Klaus (Hg.): Lessings »Nathan der Weise« (Wege der Forschung, Bd. 211). Darmstadt (Wissenschaftliche Buchgesellschaft) 1984 ● Wissenschaftliche Aufsätze verschiedener Autoren (evtl. in der Stadtbücherei erhältlich).

Barner, Wilfried u. a.: Lessing. Epoche, Werk, Wirkung. Arbeitsbücher zur Literaturgeschichte. München (Beck) 6. Aufl. 1998 ● Umfassendes, recht anspruchsvolles Arbeitsbuch für Studenten.

Frederking, Volker/Heine, Günter: Gotthold Ephraim Lessing »Nathan der Weise«. Arbeitsheft. Braunschweig (Schroedel) 2001.

Stichwortverzeichnis